AF339800

CIRCULAIRE

ADRESSÉE

Par MM. BRUNEAU, LECOMTE,

RENAULT-MORLIÈRE

et SOUCHU-SERVINIÈRE

ANCIENS DÉPUTÉS

AUX ELECTEURS

DES

ARRONDISSEMENTS DE LAVAL ET DE MAYENNE

CHERS CONCITOYENS,

Un décret de M. le Président de la République vient de dissoudre la Chambre des députés. — En présence d'une mesure aussi grave, nous considérons comme un devoir de vous rendre compte de notre mandat, d'expliquer les causes du conflit, et de dégager les responsabilités qui incombent aux promoteurs de cette crise politique.

Aux élections générales du 20 février 1876, le pays s'était prononcé nettement et sans équivoque. Il avait condamné de la manière la plus éclatante la direction imprimée aux affaires par la coalition mo-

narchique du 24 mai 1873 : il avait affirmé son désir
de vivre en paix à l'abri des institutions républi-
caines.

Mais l'arrêt du suffrage universel était à peine
rendu qu'il était déjà contesté. Dès les premiers
jours, nos adversaires ont opposé une sourde résistance : l'action du cabinet légal et parlementaire
était sans cesse paralysée par un véritable cabinet
occulte, dont M. Jules Ferry a dénoncé publique-
ment l'existence, sans qu'on ait osé le démentir. On
essayait par tous les moyens d'annuler les consé-
quences de votre verdict et de tenir en échec la volonté nationale librement exprimée.

Pendant quinze mois nous avons tout supporté
avec patience : au risque de compromettre notre po-
pularité, nous avons poussé la modération jusqu'à
l'extrême limite. Aucun sacrifice ne nous paraissait
trop grand pour maintenir l'harmonie entre les pou-
voirs publics, pour assurer le bon fonctionnement
de la Constitution et donner à la France un peu
de ce repos dont elle a tant besoin.

Ce repos si précieux a été menacé dans ces der-
niers temps par une singulière imprudence du parti
clérical et ultramontain. Sans aucun souci des diffi-
cultés extérieures, sans se préoccuper des consé-
quences qui pouvaient en résulter pour la paix de
l'Europe, on fit entendre hautement des vœux en
faveur du rétablissement du pouvoir temporel du
Pape... La majorité de la Chambre s'émut : après
s'être concertée avec le ministère, elle déposa une
interpellation et vota un ordre du jour qui blâmait
énergiquement ces manifestations dangereuses.

C'est au moment même où la majorité s'efforçait
ainsi d'assurer la sécurité intérieure et extérieure,
au moment où l'accord du Gouvernement et de la
Chambre venait d'être attesté par un vote so-
lennel, c'est alors qu'un ministère qui avait notre
confiance a été renversé.

Le 16 mai, une lettre présidentielle congédiait le
chef du cabinet, M. Jules Simon : deux jours après,
les hommes du 24 mai reprenaient le pouvoir. Le pre-
mier acte des nouveaux ministres était de proroger
la Chambre, et d'imposer silence à vos représen-

tants, après avoir dressé contre eux un acte d'accusation.

On nous a accusés, on nous accuse encore, d'avoir rendu tout gouvernement impossible, en refusant notre concours aux divers ministères qui se sont succédé. On ajoute que la Chambre était animée de passions radicales et subversives qui ne tendent à rien moins qu'à bouleverser « toutes nos grandes institutions. »

En vérité, de telles accusations ne supportent pas l'examen.

Deux ministères, en effet, se sont succédé depuis les élections de 1876. L'un, présidé par M. Dufaure, ne s'est retiré que devant un vote hostile du Sénat; l'autre, présidé par M. Jules Simon, n'a jamais été mis en minorité dans aucune des deux Chambres.

Quant aux passions subversives de la Chambre, il suffit de passer en revue nos principaux votes pour faire justice d'un pareil grief.

Quelle est donc l'institution à laquelle nous avons porté atteinte? Dans quel ordre de faits s'est exercé ce qu'on appelle notre radicalisme!

Est-ce dans l'ordre militaire? — Mais quand on a proposé de modifier la durée du service, la Chambre a nommé une commission, présidée par M. Thiers, qui conclut au maintien du *statu quo*. Le seul changement apporté en cette matière consiste dans l'augmentation de la solde.

Est-ce dans l'ordre administratif? — La loi de 1874 laissait au choix arbitraire du gouvernement la nomination des maires et adjoints dans toutes les communes. Nous avons transféré ce droit de nomination aux conseils municipaux, excepté dans les chefs-lieux de canton, d'arrondissement et de département, avec cette réserve importante toutefois, que les maires et adjoints ne peuvent être choisis en dehors du conseil municipal. Dans ce changement d'une loi administrative, nous ne voyons rien de radical: nous y voyons seulement une réforme essentielle et protectrice des droits des communes. — Il est vrai que la publicité des séances des conseils municipaux a été votée; mais cette publicité existe dans d'autres pays, et notamment en Belgique, où le radicalisme ne passe pas pour être triomphant. En tout cas, le vote n'a eu lieu qu'en première lecture, en présence d'un amendement qui annonçait que la question serait reprise et discutée plus tard. Pour quiconque connaît les habitudes parlementaires, il est impossible de voir là un grief sérieux.

Est-ce dans l'ordre judiciaire? — Nous avons essayé de rendre à la juridiction du jury tous les délits de presse qui, d'après la loi de 1875, étaient déférés à la police correctionnelle. Mais l'abrogation de la loi de 1875 n'aurait eu d'autre effet que de remettre en vigueur une loi de 1871, votée par l'Assemblée nationale sur le rapport de M. le duc de Broglie lui-même.

Est-ce dans l'ordre financier? — Mais, la commission du budget, renonçant à toute nouveauté fiscale, a marché d'accord avec M. le ministre des finances. En ce qui concerne les recettes, nous avons opéré certaines réductions d'impôts, et nous devions, dans le budget de 1878, réaliser des dégrèvements plus considérables. En ce qui concerne les dépenses, nous avons amélioré la situation des fonctionnaires et des petits employés. — Secondant les vues libérales de M. Waddington, la Chambre a doté largement les services de l'enseignement primaire : des mesures ont été prises pour multiplier les écoles, et dans l'intérêt du personnel si digne de la sollicitude du pays. L'enseignement secondaire a été également favorisé. Quant à l'enseignement supérieur, nous aurions voulu, tout en respectant le principe consacré par la loi récente de 1874, rendre à l'Etat la prérogative essentielle qui lui appartient pour la collation des grades. Nous avons échoué dans cette tâche, mais nous avons du moins augmenté les crédits pour permettre à nos Universités de lutter contre la concurrence des Universités catholiques. En résumé, le budget de l'instruction publique, qui, sous l'Empire, atteignait 24 millions à peine, s'est élevé au chiffre inconnu jusqu'ici de 50 millions. Y a-t-il là une menace pour la société? Serait-ce faire preuve de radicalisme que de donner au gouvernement les moyens de répandre l'instruction? — Arrivons au budget des cultes que, d'après nos adversaires, nous devions

totalement supprimer. Beaucoup de gens répètent
encore que la suppression de ce budget et la sépara-
tion de l'Eglise et de l'Etat figurent dans notre pro-
gramme ; cependant, nous avons repoussé ces réfor-
mes à une immense majorité. Il s'est trouvé en fin
de compte que toutes les discussions ont abouti à
une augmentation de 200,000 francs en faveur des
desservants ! — Une autre question se rattachant
au même budget a donné lieu à une polémique très
vive : nous voulons parler de l'aumônerie militaire.
Il n'est pas de calomnies qui à ce propos n'aient été
mises en circulation contre nous. On a dit que nous
avions indirectement porté atteinte à l'institution
des aumôniers militaires : rien n'est plus faux. En
réalité, la Chambre, après de longs débats, a fini par
voter, d'accord avec M. le ministre de la guerre et le
Sénat, le crédit nécessaire pour l'application pure et
simple de la loi de 1874 adoptée par l'Assemblée
nationale. — Dans toutes les affaires qui touchent à
la religion, la majorité républicaine s'est inspirée
d'un double sentiment : elle a combattu cet esprit
clérical qui est une menace pour l'indépendance de
la société civile et pour la sécurité de nos relations
extérieures, mais elle n'a jamais refusé de pourvoir
aux besoins du culte et de donner pleine satisfaction
aux intérêts vraiment religieux.

Si, en dehors des questions qui précèdent, quel-
ques propositions trop accentuées ont pu se pro-
duire, elles n'ont jamais obtenu l'assentiment de la
majorité. C'est ainsi que nous avons repoussé l'am-
nistie totale ou partielle des condamnés pour faits
se rattachant à la Commune. Nous n'avons accepté
qu'une proposition tendant à ordonner pour l'avenir
la cessation des poursuites contre ceux qui n'avaient
pas encore été atteints par la justice. Nous avons
accepté le principe de cette proposition dans les ter-
mes mêmes où l'acceptait M. Dufaure, qui n'est cer-
tes pas suspect de radicalisme.

Cette Chambre, qu'on n'a pas craint de représenter
comme l'héritière des traditions de 1793, a donné,
au contraire, dans plus d'une circonstance mémo-
rable, des preuves éclatantes de modération et d'esprit politique. Sur les instances de M. Dufaure, elle

à laissé à l'Etat le droit de choisir les maires et adjoints dans les chefs-lieux de canton, d'arrondissement et de département : sur les instances de
M. Jules Simon, elle a consenti à transiger sur ses
prérogatives budgétaires. Elle s'est toujours montrée
respectueuse des droits de M. le Président de la République et du Sénat. Si quelque reproche pouvait
lui être adressé, on lui reprocherait peut-être d'avoir
trop sacrifié au désir d'apaisement et de concilia-
tion ; mais il faut étrangement travestir les faits et
méconnaître ses intentions, pour la rendre responsa-
ble d'une crise qu'elle a tout fait pour éviter.

Aussi, M. le duc de Broglie, président du conseil
des ministres, dans le discours qu'il a prononcé au
Sénat, en a-t-il été réduit à nous reprocher « un radicalisme latent ». Un radicalisme latent ! Un radicalisme qui ne s'est jamais manifesté par aucun
acte ! Il est difficile d'avouer plus naïvement que,
ne pouvant articuler un grief précis, on nous fait un
procès de tendance.

Nous ne méritons pas plus le reproche de radicalisme que nos adversaires n'ont le droit de s'arroger
le monopole de la conservation sociale. — Nous
sommes conservateurs autant et plus qu'eux peut-
être, et, devant nos concitoyens qui nous connais-
sent, nous pouvons ne répondre que par un hausse-
ment d'épaules à ceux qui nous contesteraient un
pareil titre. Mais la conservation sociale n'est pas
pour nous une arme de guerre, un vain mot, qui ca-
che mal des dissentiments politiques et des passions
réactionnaires qu'on n'ose pas avouer. Nous voulons placer les grands intérêts de la société sous la
garantie de la Constitution, sous la garantie de la République, sous la garantie d'un Gouvernement libre,
régulier et définitif. Voilà notre crime, c'est pour
cela que la Chambre a été dissoute et que nous sommes renvoyés devant nos électeurs.

On espère que le pays se déjugera ; on espère qu'il
reviendra sur les scrutins du 20 février et du 5 mars
1876, qui ont si nettement affirmé la République. —
Et dans quel but ? où veut-on vous conduire ? que
vous offre-t-on en échange ?

« Vous n'avez ni but, ni foi, ni prétexte » s'écriait

M. Léon Renault, apostrophant les ministres du haut de la tribune, aux acclamations de la majorité debout et frémissante. — Et les ministres n'ont pas répondu, — Que pouvaient-ils répondre, en effet? Ne sont-ils pas condamnés au silence, sous peine de rompre la coalition qu'ils dirigent? Il y a là des bonapartistes et des légitimistes : il y a là aussi des orléanistes oublieux de leurs anciens principes. Ces alliés n'ont rien de commun entre eux que le lien des doctrines ultramontaines; ils se détestent, se jalousent et se surveillent les uns les autres. Ils n'osent dire leur vrai nom : comment oseraient-ils dire ce qu'ils veulent? Le gouvernement qu'ils rêvent aujourd'hui est le gouvernement de l'anonyme et de l'inconnu. ·

Mais, derrière cet inconnu redoutable, s'agitent confusément toutes les intrigues monarchiques et cléricales. Les coalisés ont beau protester de leur respect pour les institutions actuelles. Ils protestaient de même le lendemain du 24 mai 1873 ; ils protestaient de même lorsqu'en pleine paix publique, au milieu de la prospérité générale, ils ont renversé M. Thiers. Cependant, au mois d'octobre suivant, ils allaient à Frohsdorf négocier cet essai de restauration qui a failli ramener Henri V et le drapeau blanc. L'exemple du passé est un avertissement pour l'avenir.

Non, le débat n'est pas entre les radicaux et les conservateurs : il est entre les réactionnaires et les libéraux, entre le gouvernement personnel et le gouvernement du pays par le pays, entre les partisans des traditions de 1789 et leurs obstinés adversaires. C'est la querelle qui date de la fin du siècle dernier: c'est la querelle des *Blancs* et des *Bleus*.

En face de ce nouvel assaut d'ennemis toujours vaincus et qui nient toujours leur défaite, les républicains de la veille et du lendemain, les républicains de principe et de raison ou de nécessité, tous ceux qui ont quelque souci des libertés parlementaires, se sont unis dans un même élan d'indignation, dans un même sentiment de résistance. Comme autrefois les 221 protestèrent contre M. de Polignac, 363 députés ont protesté contre le ministère que

préside M. le duc de Broglie et voté un ordre du jour
de défiance.

Nous figurons sur cette liste d'honneur ; nous
nous sommes associés avec empressement à cette
manifestation unanime de l'opinion républicaine et
libérale. Vous direz bientôt si nous avons été vos
fidèles interprètes et si nous avons exécuté loyale-
ment notre mandat.

On verra, on voit déjà reparaître, dans tout son
éclat, la candidature officielle. Déjà l'administration
de notre département, au risque de désorganiser les
services, a été complétement renouvelée ; déjà on
apporte partout des entraves à la circulation des
journaux, aux réunions publiques et privées. Mais
vous avez le sentiment de votre indépendance ;
vous n'êtes pas de ceux qui se laissent imposer une
opinion toute faite ; vous aimez à juger par vous-
mêmes. Nous attendons avec confiance votre juge-
ment.

Le pays comprendra qu'il est frappé lui-même
dans la personne de ses mandataires.

Les 363 reviendront, comme sont revenus autrefois
les 221 ; ils reviendront, fortifiés par une nouvelle
épreuve du suffrage universel, plus résolus que jamais à faire prévaloir votre volonté souveraine. Ils
rentreront dans l'enceinte législative en poussant le
même cri qu'ils ont poussé au moment de leur dé-
part : « Vive la République ! Vive la paix ! »

Dr V. BRUNEAU ;

CH. LECOMTE ;

A. RENAULT-MORLIÈRE ;

Dr SOUCHU-SERVINIÈRE.

Paris. — Ch. Schiller, imprimeur breveté, 10, Faub.-Montmartre.

www.ingramcontent.com/pod-product-compliance
Lightning Source LLC
Chambersburg PA
CBHW070823160726
PP18578800001B/1